AF441024

Décimas Australes

© **Iván Rojel Figueroa**

Registro de Propiedad Intelectual N° 301.542

I.S.B.N. N° 978-956-354-074-1

Punta Arenas 2019

Iván Rojel Figueroa

DÉCIMAS

AUSTRALES

Dedicado a mi madre, Lucy Figueroa Sepúlveda.

Introducción

En 1591, el poeta andaluz Vicente Espinel, dio vida a la estructura definitiva de la décima, una estrofa compuesta de 10 versos octosílabos, de rima consonante o perfecta, cuya fórmula es abbaaccddc, es decir que los versos riman: primero con cuarto y quinto; segundo con tercero; sexto con séptimo y décimo; y octavo con noveno. Lope de Vega fue el principal difusor de la décima y promovió el nombre de "espinela" en homenaje a su creador.

La décima llegada desde España, se difundió por toda América, desde México a Tierra del Fuego, ya que fue adoptada por la gente del campo, siendo parte importantísima, de la cultura popular de Latinoamérica. Los payadores y los improvisadores de diferentes países, la usan como forma de expresión principal, desde los albores de la cultura criollista latina y actualmente está plenamente vigente. En países como Argentina, Uruguay o Brasil las décimas son muy dinámicas y existen grandes exponentes, particularmente entre los payadores, que demuestran un gran dominio de ella, especialmente en los contrapuntos.

En Chile la décima forma parte fundamental del folclor, siendo Violeta Parra una de sus principales exponentes. En la Zona Central, está especialmente difundida entre los payadores y adquiere el carácter de la zona de la cual proviene.

En la Patagonia chilena, la décima está presente, especialmente en la cultura rural, y tiene un carácter marcadamente criollista, enfocada especialmente a la descripción de labores de campo y tradiciones. La presencia de la décima en regiones como Magallanes, es bastante tardía y poco difundida aún, presentando una indiscutible influencia rioplatense, lo que le da un carácter serio y aplomado, usándose muy raramente para versos jocosos o de doble sentido, como sucede en otras partes del país. Sin embargo, uno de los problemas principales de la décima, es que, por ser tan fuertemente requerida por la cultura popular, se desvirtúa a veces en manos de cultores que carecen de la habilidad o la disciplina necesaria, para dominar su estructura octosilábica, o incluso su rima y difunden décimas muy mal hechas, lo cual se podría solucionar con un poco de estudio y dedicación. Sin embargo, también hay muchos exponentes que hacen un trabajo decimal muy prolijo. Otra cosa que sucede con la décima, es que aun presentando una estructura octosilábica y de rima correcta, puede carecer de profundidad poética, por usarse frecuentemente solo de manera descriptiva y contestataria. Sin embargo, esto no le resta mérito y no se puede negar, que este valor popular de la décima, perfila identidades y tradiciones y es un aporte gigantesco, especialmente al folclor. Ambas vetas son importantes, cultivar el carácter popular de la décima, siempre que sea con rigurosidad o darle una profundidad más universal, son horizontes perfectamente válidos.

Precisamente por eso, las casi 200 décimas que componen este libro, se pasean por diversos temas, desde lo criollista a lo universal, y desde lo más concreto a lo más abstracto. Con ello intento, lo que no deja de ser una pretensión, no solo hacer un aporte a la poesía magallánica, sino también, crear, mirando hacia la décima, un tipo de estrofa, muy poco considerada por los poetas australes. En la creación de estas décimas se delata frecuentemente, mi marcado orgullo por lo regional, ya que muchas apuntan a la identidad magallánica, otras pertenecen al mundo interno y otras vuelan por universos indefinibles. Pero lo que todas tienen en común es un respeto religioso por la estructura poética decimal, ya que la idea también, es que este trabajo pueda servir de ejemplo, a aquellos que quieran adentrarse en el mundo de la décima, respetando el octosílabo y la rima. Otra cosa que tienen en común, es la intención de acentuar el carácter poético de la décima, conservando a la vez, su esencia criollista, lo cual tal vez se logre en unas, más que en otras.

Con esta convicción, doy vida a este libro, el primer libro de décimas magallánicas, escritas con la certeza de que la décima es fundamental, que debe tomarse en cuenta, que debe cultivarse con orgullo, con seriedad, con disciplina y respeto, ya que es una herramienta primordial de la identidad, que tiene que seguir trascendiendo.

Iván Rojel Figueroa - Autor

PRESENTACIÓN

Con una dulce impaciencia,
sin las dunas de la duda,
me alzo a la vida desnuda,
intentando resistencia.
Ni el tiempo ni la experiencia,
ni la bendición ni el mal
podrán ponerle un bozal,
al ímpetu que me mueve,
ni impedirán que yo eleve
mi concepto primordial.

Por eso ando rebelado
por huellas reconocidas,
rastreando ideas crecidas
bajo un sueño realizado.
Remonto desde el pasado
una nota, una canción,
la fuerza de una razón,
alimentada en el verso,
y vengo de un universo
parecido a un corazón.

DE LA INTRANSABLE IDENTIDAD

Estampa

La magallánica estampa,
gaucho, cuchillo y bagual,
es orgullo regional
que en la tradición acampa.
Cuando la nieve no escampa,
mate amargo en la ocasión,
truco, asado y corazón
y algún verso que se aferra
¡Pucha que es linda mi tierra!
con su sello Patagón.

Nostalgia

¡Que linda noche sería!
campo adentro justo hoy,
yo que en la ciudad estoy
me recuerdo todavía.
Aroma a pampa venía
de la nocturna extensión.
El viento un poco tristón
de nostalgia me ha invadido,
y hacia el llano humedecido
viajo con mi corazón.

Brisa

La caricia de una brisa
que cruza la Patagonia,
en su beso testimonia
que el tiempo no tiene prisa.
Por el aire se desliza
una nostalgia despierta.
La llanura abre una puerta,
de aventura, campo y trova,
mientras una noche loba,
duerme con la boca abierta.

Constancia

Aunque el invierno aparezca,
congelando los anhelos.
Aunque se corten los vuelos
y algún proyecto perezca.
La ignorancia permanezca,
por la fuerza y la razón.
Mientras tenga un corazón
con esa llama sagrada,
de mi Patagonia amada,
nombraré la tradición.

Nieve

Cerró el cielo su candado
de nubes en las alturas.
Albo enjambre de texturas
frías, cae desbordado.
Su caricia ya ha rozado
pasto y cemento y se aferra,
a algún poema, que encierra
verdades que hablan al tranco,
de novias y poncho blanco:
¡está nevando en mi tierra!

Fragancia

Y casi no me di cuenta
que llegó con su rumor
y su carga de color,
perfumada en luz atenta.
Girando en su danza lenta
vestía color turquí.
Con antifaz de alhelí,
en puntas de pie y soltera,
vino doña Primavera,
por eso es que no la oí.

Estación

Es invierno patagónico.
La tierra se pone arisca.
El frío muerde y pellizca
y el temporal ríe irónico.
Pero el tiempo salomónico
a la pampa cuidará.
La tormenta templará
el germinal necesario,
y en colorido escenario
Septiembre florecerá.

Décima fronteriza

Allá donde yo les cuento
el aire tiene cuchillos
y el sol de mezquinos brillos
sucumbe en su vano intento.
Duro es ganarse el sustento.
Horas largas y fatiga.
Eficaz labor abriga,
la capacidad más pura,
porque la gente es más dura
que el viento que la fustiga.

Melodía

Mi sureño derrotero
tiene destinos de pampa.
Me fundo en la dulce trampa
de las distancias que quiero.
Percibo bajo el lucero
en un tono sostenido,
un delicioso sonido,
una canción, un mensaje:
es la voz de mi paisaje
que me susurra al oído.

Querencia

Patagonia me suspira
al oído con el viento,
y en esa caricia siento
que la cruz del sur me mira.
En mi pecho se revira
este anhelo tan sentido.
Yo que a esta tierra he querido
con profundo sentimiento,
en esta noche presiento
que es amor correspondido.

Magallanes

Cuatro climas en un día.
Tierra de anhelo y resabios.
Maldita para los sabios.
Bendita en el alma mía.
Ella guarda la porfía
de la sangre de Zamora;
del viento que nunca llora
porque es macho y patagón,
cuando enciende en un malón
la antorcha de las auroras.

Tierra templada al acero
de las tercas tempestades,
surcada en sus soledades
por el indio y el carrero;
por el torvo aventurero
que grabó oscura inicial,
entre el oro y el bagual,
el winchester y el cuchillo,
guiando cual lazarillo
la ciega muerte brutal.

¡Cuánta inconciencia mi pampa!
¡Cuánto heroísmo a la par!
para poder domeñar
tu brava y hermosa estampa.
Fuiste la inocente rampa
de riqueza de extranjeros.
Te hirieron los traicioneros
centralistas, mal gestados
y tus indios balaceados
hoy te duelen en el cuero.

Tanto costó tu leyenda
pagada a sangre y dolor,
que quedó arisco el amor,
perdido en alguna senda.
Que el de afuera no te entienda
es una pobre cuestión.
No tocan tu corazón
los ignorantes olvidos,
pues tus hijos bien nacidos
adoran tu maldición.

Identidad

Soy nativo de la pampa
magallánica, señor.
Mi padre trabajador,
dejó en las huellas su estampa.
Como arriero entre las guampas
o los vellones lo vi.
De su coraje aprendí
el orgullo por mi tierra,
que igual que marca de yerra,
no se desprende de mí.

De mi madre recibí,
aquel orgullo araucano
y en sus ojos y en sus manos,
un eterno amor leí.
Ella vino desde allí
donde el monte se ilumina.
Donde el crepúsculo trina
y desde donde verá,
partió el gran Calfucurá
hacia la Pampa argentina.

Las luchas y las razones.
La infancia con su emoción.
Los sueños con su blasón,
me recorren de canciones.
Y en mi paisaje y sus dones,
tras la natalina calma,
lindo destino se empalma
en el sur del universo,
acollarando en un verso
la Patagonia a mi alma.

Pertenencia

El alma cae rendida,
bajo el hechizo vibrante
de la tierra palpitante
que se funde con la vida.
Es del viajero la brida
la armonía y su color.
En el verde resplandor
se vuelve cálido el viaje,
porque el alma más salvaje
se amansa con el amor.

Lazos

Querencia es la condición,
más hermosa de la vida.
Sentir una amanecida
de la tierra el corazón.
El natural diapasón
que te empuja a florecer
y que al final de tu ser,
te abrigará en una herida,
pues la tierra nunca olvida
a quien la supo querer.

Fertilidad

Madre humilde y hacendosa
que nació de humilde cuna,
la tierra como la luna
es una gema preciosa.
Iluminada y grandiosa
en su geográfica brizna,
se enciende, vibra y se tizna,
en sus venas generosas,
floreciendo mariposas,
con una simple llovizna.

DE AMORES Y DESAMORES

Incondicionalidad

A veces voy más atrás
de los que soñaron ser,
y en el vaivén del quehacer
quieren llegar a ser más.
Siempre tu mano me das
sin juzgar lo que yo sea.
No importa lo que yo crea.
Deja que suba sin prisa,
al balcón de tu sonrisa
y que a los ojos te vea.

Romance

Según como venga el día,
su copla es clara u opaca.
Ocasiones se me empaca:
no la entiendo todavía.
En tristeza y alegría
su voz dulzona me amarra.
Me acompaña y despilfarra
todo el amor en un lance.
Va creciendo este romance
que tengo con mi guitarra.

Acertijo

A veces en la partida
hay confusos pormenores.
Se diluyen los colores
en este intento de vida.
En cualquier hora vencida
de soñar no tengo prisa.
Pero te veo en la brisa
y cuando me miras fijo,
tú resuelves mi acertijo,
tan solo con tu sonrisa.

Juego

Mi corazón te entregué
de amor incondicional.
En mi sentir sublimal
a amarte me consagré.
Pero pisaste mi fe
y en tu conducta malsana,
como el gato que se afana
inconsciente y juguetón,
trataste mi corazón
como un ovillo de lana.

Corazón

Solo un músculo que late
o un cofre de sentimientos.
Sus ríos sanguinolentos
me mueven en cada embate.
Ante las penas se abate.
Amo y acelera más.
Es variable su compás,
con mis variables sentidos.
Me retumba en los oídos
cuando siento que no estás.

Luceros

Aquellos ojos que un día,
unieron nuestros destinos,
son luceros cristalinos,
que alumbran la historia mía.
Mi corazón no podría
latir si no estás presente
y vives tanto en mi mente,
porque hasta en sueños te llamo,
que a veces decir te amo,
no resulta suficiente.

Decidora

A ratos el sol se inclina,
cuando se mira en tus ojos,
y anda buscando rastrojos
de tu inspiración tan fina.
Es brillante y cristalina
la canción que tú repartes.
De tu alma no me descartes
cuando la vida te nombra,
pues mi alma como tu sombra
te acompaña a todas partes.

Noviembre

Aquel noviembre dichoso
tú cambiaste mi destino
y me embriagué con el trino
de tu verso esplendoroso.
Se hizo todo tan hermoso
con tu presencia tan clara.
Eres el sol que me ampara
y me aleja del dolor.
Te pareces al amor
cuando te miro a la cara.

Devoción

Porque hoy mi senda se alfombra
de primaveras soñadas
y andan musas alocadas
en mi verso que te nombra.
Ya no soy la triste sombra
de un alma llena abrojos.
La tarde en destellos rojos
ha encontrado en sus orillas,
mi corazón de rodillas
frente al altar de tus ojos.

Musa

Aquel poeta que era
puro silencio y rastrojos,
ha levantado los ojos
solo por una quimera,
y en la ilusión verdadera
de un sentir irreversible,
todo parece factible
y el tiempo no tiene excusa,
pues la magia de esa musa,
rompe cualquier imposible.

Ausencias

A veces siento que un pozo
me llama a su oscuridad
y busco tu lealtad
con un grito silencioso.
Me corto con el dudoso
cuchillo de los estíos
y quemo versos bravíos
mordiendo la rabia mía,
cuando tu canción se enfría,
ante mis ojos vacíos.

Peldaños

Esa mueca de tu boca
cuando pronuncias mi nombre,
llama impaciente a mi hombre
que muere si no te toca.
La pasión que me provoca
es la existencia total,
y en el choque colosal
de una amorosa contienda,
hace que el hombre descienda
y que ascienda el animal.

Errática

Llega la noche total
con ansias de torturar
y pones a trabajar
la maquinaria fatal.
Quieres borrar mi inicial
en inútiles empeños.
Cobardes gestos pequeños
de indecisa mariposa,
que al aletear presurosa,
dispersa sus propios sueños.

Veredicto

Soñé que te quedarías
y me declaro culpable.
Mi alma casi irrescatable
con tus besos florecías.
Mi luna llena serías
en la noche amenazante,
y frente al tiempo inconstante
me mantendrías de pie,
pero tu amor solo fue:
luna de cuarto menguante.

Intimo

Tu amor en mi amor se adentra
como una suave cascada.
Toda mi vida empinada
hacia tu cielo se encuentra.
En tu contacto se centra
una esencia de alhelíes.
Despiértame cuando espíes
mi ilusión en la penumbra,
que mi poema se alumbra
tan solo porque sonríes.

Despojos

¿Cómo seguirte los pasos
pisando vidrios quebrados,
si hay alambres oxidados
que me sujetan los brazos?
¿Cómo juntar los pedazos
de una ilusión que fue bella?
si cuando alquilas tu estrella
al miedo que te sustenta,
una huérfana tormenta
viene ciega tras tu huella.

Claves

Códigos simples tus besos
que me liberan del frío,
porque hay palabras de rio
en esos labios traviesos,
y en los diáfanos excesos
de pasional maravilla,
soy algo que tiembla y brilla
y puedo ser muchas cosas,
porque en tus manos preciosas
tengo un destino de arcilla.

Desesperanza

Con la sombra hago las paces,
me paseo por su abismo.
El protocolo del sismo
va erosionando mis bases.
Maldigo estrellas fugaces,
inquieto, irreconocible.
Todo anhelo inadmisible.
Todo intento reprobado.
Tengo tu amor archivado
en la i de lo imposible.

Desilusión

Veo tus ojos distantes,
desiertos impenetrables.
Tus labios por más que hables
son dos notas disonantes.
Se opacaron tus diamantes.
Ya no hallo magia en tus manos,
y en los embates profanos
de tu inquieta ambigüedad,
perdiste la habilidad,
de fabricarme veranos.

Despecho

En la enardecida noche
te enorgullece tu hazaña,
pero la vida te engaña
en su continuo reproche.
Si un día notas que el broche
del silencio te ha adornado,
si haces rodar otro dado
y apuestas a la incerteza,
es la fecunda tristeza
que te ha puesto su candado.

Blindaje

Haré un arte del desdén
reventando amaneceres,
olvidando los quereres
que me olvidaron también.
Iré solo en ese tren
inmune a toda promesa.
Si me invade la incerteza
cuando el futuro me vea,
tal vez esa sombra sea
la nostalgia que me besa.

Ausencias

Cuando las quietas palabras
hayan perdido su brillo,
tu olvido será un cuchillo
con que el corazón me abras.
Cuando sienta que no labras
los soles a los que arribo,
si con las sombras convivo
mientras por dentro me muerdo,
beberé de tu recuerdo
para mantenerme vivo.

Salteo

Inerte bebí la vida
con desconfiado fulgor,
trenza brusca de dolor
de ascendencia conocida.
Pero tu amor de bandida
me despojó de la ruina.
Me robaste la rutina
maleante de labios rojos,
pues me asaltaron tus ojos
a la vuelta de una esquina.

Muchacha

Muchacha yo te contemplo
pensativa y taciturna
y en tu tristeza nocturna
la soledad es tu templo.
El mejor verso destemplo
ante tu anhelo perdido.
Tu cielo se ha oscurecido.
Ya ni pretendes soñar
y ahora te niegas a amar
porque la pena te ha herido.

Le has puesto al alma un candado
por una mala experiencia,
sumida en la inconsistencia
de un tiempo mal cultivado.
Si el dolor te ha acobardado
una nueva historia escribe.
Un nuevo sueño recibe
con el corazón ardiendo,
porque quien vive temiendo
no puede decir que vive.

Un buen amor siempre habrá
lo mismo que un sol que sube,
aunque lo tape una nube
él siempre aparecerá,
a tu puerta golpeará
pero tendrá que perderte.
Si mantienes tu alma inerte
y solo miras tu herida,
dejarás pasar la vida
por quedarte con la muerte.

Si es que una espina te hirió
en el rosal del amor,
eso no merma el color
de la flor que no murió.
Si esa trampa te dejó
sucumbiendo en el mutismo,
no veas solo el abismo
que te sumerge en el frío,
porque el amor es un rio
que se desborda a si mismo.

Por eso ponte de pie,
muchacha y vuelve a soñar,
que en su colorido andar
el amor siempre te ve.
Eres la espiga, yo sé,
que se endereza cantando.
Tu fe se irá renovando
si descorres la cortina,
que en su florecida esquina,
la vida te está esperando.

Tú

En la luna a veces te hallo
puliendo su platería,
otras eres la vigía
de las razones del rayo.
Dictas el sereno fallo
que enciende rojas auroras.
Sus dudas conmovedoras
el tiempo pone en tus manos
y cuelgas hilos livianos
en las lluvias que elaboras.

Te disgregas en la vida
tan serena y atareada,
hilando la madrugada,
dejando la luz pulida.
La arquitectura dolida
del amor suele raptarte.
La belleza te reparte
por cardinales profundos
y habitas en tantos mundos,
que a ratos no puedo hallarte.

DE UN ADENTRO ILIMITADO

Pacto

En la aventura de un día
se me asoma cristalina,
esa caricia tan fina
de una suave melodía.
En mi humilde poesía
con el amor hago un pacto.
Avanzo y no me retracto
por sobre la empalizada
y en el alma desbordada
el sueño se queda intacto.

Mutismo

En silencio me he quedado
tan solo para pensar.
A mis adentros viajar
para confrontar mi estado.
Sombrío y reconcentrado,
mis ideas en tropilla,
avanzan hacia la trilla
del mutismo derrumbado,
que el silencio es un puñado
de palabras en semilla

Escape

Cosas de claros y oscuros,
de mitades y de extremos,
de lo que no conocemos
y que negamos seguros.
De farándula y de muros
estoy harto y me sentencio
a ser el bandido Asencio,
cruzando el Payne en revuelo,
donde un gaucho mira el cielo
mateando con su silencio.

Bipolaridad

A veces veo sobrar
cosas que me están faltando.
A veces creo que soñando
voy a lograr despertar.
Tengo ganas de gritar
y callo para expresarme.
El sol suele congelarme
si mi cordura delira.
Pongo mi fe en la mentira
y sangro para sanarme.

Variaciones

Según como venga el día
soy algo o dejo de ser.
A veces siento crecer
espinas en mi poesía.
A veces soy una vía
fácilmente transitable.
Otras veces soy un sable
que mutila mi futuro
y hoy día soy como un muro
sombrío e impenetrable.

Irrelevancia

Soy conciencia que gravita
sin seguridad de ser.
Viajo del odio al querer
y ni Dios me necesita.
Soy materia que palpita
y que se apaga de a poco.
A veces el fondo toco
me mando y no me obedezco,
pues ni yo me pertenezco
en este viaje tan loco.

Anhelo

Debe haber una llanura
que yo tampoco he encontrado,
donde corran desbocados
la alegría y la ternura,
donde nunca la amargura
haya podido anidar,
donde podamos lacear
esa dicha tan esquiva,
para que la vida viva
y el alma empiece a cantar.

Revés

Puede voltearse el destino
espoleado de traición,
de a pie con tu corazón
retomando algún camino.
Un tiempo bravo y ladino
se ha de sentar a tu mesa.
Tu talento o tu entereza
de gaucho no tendrá brillo,
y no servirá el cuchillo
para cortar la tristeza.

Más la frontera del miedo
jamás habrás de cruzar,
al tropel has de topar
con coraje y con denuedo,
ser digno en aquel enredo,
para que el tiempo se asombre
y con respeto te nombre
hasta el viento en su rugir,
que el hombre debe vivir
en la medida del hombre.

Derrota

¿Qué harás mañana al toparte
con tu alma en alguna esquina,
viendo al espejo tu ruina
sin ganas de reinventarte?
¿Serás capaz de mirarte
perdido en tu inconsistencia,
sin verso, amor ni paciencia,
descubriendo en una herida
que lo tuyo ya no es vida,
que es solo sobrevivencia?

Bruma

A punta de decepciones,
uno se va endureciendo
y hasta casi envileciendo,
bajo envidias y traiciones.
Se derrumban las razones.
La incertidumbre atropella.
Se hace fangosa la huella.
Te tropiezas con un muro
y hay un agujero oscuro
donde brillaba una estrella.

Yo que amigo de los versos
le hago muescas a la vida,
con filosofía herida
me aburro de estos esfuerzos.
En mis gestos no tan tersos
mi ceño frunzo de prisa.
La realidad enfermiza
viciada y sin proyección,
me congela el corazón
y ahorro hasta mi sonrisa.

Pero un familiar tesoro
va susurrando veranos,
y va colmando mis manos
con sus caricias de oro.
Por eso no me demoro
y la vista suelo alzar.
Veo al destino bramar,
carta marcada y tiniebla.
Corro la puerta de niebla
y me apronto a continuar.

Indecisión

Estoy bien determinado
no me echaré para atrás,
o mejor lo pienso más
no, ya bastante he pensado.
No me verán preocupado,
bueno, un poquito tal vez,
porque lo que no es, no es,
pero a veces suele ser.
No se si el verso tejer,
al derecho o al revés.

Tengo mi conciencia en paz,
pero no estoy tan seguro.
No me verán con apuro,
voy al galope nomás.
No me complico demás,
pero esto ya me afectó.
Me aburro despierto yo,
o me entretengo durmiendo.
Quiero seguir escribiendo,
pero aquí se terminó.

De dos colores

Blanco conocí el paisaje,
nevado de mi región
y negra la cerrazón
de la noche en este viaje.
Blanco sacó el paisanaje
el vellón de la majada.
Negra era el anca lustrada
de un potro oscuro tapado.
Desde siempre me he topado
blanco y negro en la mirada.

Al mirarme para adentro
no creía lo que vi,
blanco y negro descubrí
en el alma justo al centro.
Mucho blanco en este encuentro
me hizo ingenuo e infeliz.
Mucho negro en el matiz
me hizo inconsciente y atroz;
al final mezclé los dos:
es por eso que soy gris.

Conflicto

¿Qué cuerda de tempestades
tejes en la oscuridad?
Peligrosa dualidad
daga de las soledades.
Cuando escupes las verdades
marcas vidas desarmadas.
Si acuchillas madrugadas
sueños, caballos y muertes,
el cardinal de las suertes
te trizará la mirada.

Reflejos

Veneno, acero y espinas,
desechos de poesía,
retratos de hipocresía
con que te autodiscriminas,
buscando el sol en las ruinas
de tiempos mejor queridos,
donde los turbios sentidos
te anestesiaron profundo,
sin que las dagas del mundo
nos hagan sentir heridos.

Aquel maternal bastión,
donde emplumó tu conciencia,
donde viviste la ciencia
que templó tu corazón;
orgánico diapasón
de melódicos latidos,
con tus ojos investidos
de las mágicas auroras,
que hicieron brillar tus horas,
como diamantes pulidos.

Hoy que recuerdas ufano
la sobreviviente hazaña,
un sordo orgullo te baña
y te lleva de la mano.
Volverás a ser hermano,
de la tarde y su reflejo
y siguiendo ese consejo,
que las penas no te atajen
y puedas amar la imagen,
que te regala el espejo.

Templanza

Los rasguños que la suerte
le dirige a mi coraza,
no me destemplan la traza
en su inconsecuencia inerte.
Me bebo ese trago fuerte,
de la templanza vital
y me encamino cabal,
consciente que donde voy,
lo mucho o poco que soy,
es mi fortuna real.

Nido

Salgo de mi fortaleza
empalizada de amor,
para buscar el calor
laboral de la belleza.
El ajedrez en la mesa,
las piezas que somos todos.
Mezclas de sol y de lodos,
al cielo nos enfrentamos
y a sobresaltos armamos
la vida, de todos modos.

Algunas manos valiosas,
otras garras traidoras.
Algunas quietas auroras,
otras tardes neblinosas.
El colage de las mil cosas.
Aquel silencio forzado.
El tiempo que ha galopado.
Un sueño muerto de nuevo.
No protesto ni me muevo,
frente al viento desatado.

Yo llevo tu voz amada,
donde me lleven mis pasos.
No lloro por los pedazos
de la vida derramada.
Si en mi mezquina jornada
solo existe penitencia,
no me mata la conciencia
el tiempo y sus sinsabores,
porque tengo tres amores,
que me endulzan la existencia.

Hoguera

A veces me veo arder
clasificando impaciencias,
barajando reticencias,
mordiendo el amanecer.
A veces como un deber,
en la bruma me aquerencio,
a la cuerda me sentencio
y en este gris transitar,
me es imposible quebrar
el cántaro del silencio.

Rechazo

Abrazo aristas filudas.
Tropiezo en la misma piedra.
Siento el beso de la hiedra
y me enceguezco de dudas.
Busco en las noches desnudas,
un horizonte, un camino.
Solo encuentro el desatino
y en una vana pasión,
la brutal reconvención
del ofendido destino.

Ciclo

Otra vez los escarceos
de tropiezos y fragores,
de desteñidos colores,
de encabritados deseos,
de arenas y coliseos,
de pisotear corazones,
de diez reivindicaciones,
de eternidades sin musa.
En el arte de la excusa,
se queman las ilusiones.

Agilidad

Tristezas, vicisitudes,
el destino ventajero,
la suerte con su avispero,
traicioneras actitudes,
brutales ineptitudes,
que al borde me han empujado,
han perturbado mi estado,
con la saña y su contrato,
pero yo soy como el gato,
que cae siempre parado.

Cerrojos

Tal vez termine mañana
carcomido por la duda,
ante la vida desnuda
que me llama con su diana,
absorto en la luz lejana,
de alguna buena mentira,
adentro un alma que expira,
cerrado como un candado,
sin escuchar ni el llamado,
del amor que me suspira.

Empalizadas

Con cuanto insomnio esgrimí
estrategias de defensa.
Con cuanta inquietud inmensa
mis espinas exhibí.
Cuanto amor no repartí.
A cuanto celo di abrigo.
Fui puñal, fuego y castigo.
Me hice coraza y fortín.
Para descubrir al fin,
que soy mi propio enemigo.

Facetas

Veo mis ojos heridos,
frente a un espejo de aurora
y reviven sin demora,
ante unos brazos queridos,
a veces se hallan perdidos
por un sueño mutilado,
pero no los ha matado
el desengaño infecundo,
aunque los hielos del mundo,
en ellos han anidado.

Tibieza

Ese recuerdo al pasar
se trepa por mis orillas,
y destapa las semillas
que siembro para olvidar;
nunca me quiere dejar,
me recorre con su brío,
y cuando solo y sombrío,
duermo una noche de tantas,
es quien me sube las mantas,
para que no tenga frío.

Reloj

Tiempo perdido en dolor.
Tiempo perdido en violencia.
Tiempo bruto sin paciencia.
Tiempo iluso de candor.
Los tiempos de antivalor
malgastaron mis edades,
y hoy encuentro vaciedades
donde reina con razón,
la colosal prescripción
de las oportunidades.

Derrumbes

El tiempo caminador
me muestra sus carruseles,
muertes sobre sus corceles
que giran alrededor.
Me meto en el ascensor
que desciende hasta el mutismo,
y al caer el espejismo
deshaciéndose en disculpas,
construyo torres de culpas
y las derribo yo mismo.

Piño

Diplomados de corderos,
buscando seguridad,
rozábamos, en verdad,
los inviernos venideros.
Fuimos solo pasajeros,
al borde del paroxismo,
con miedo hasta el extremismo,
envueltos en forma burda,
en la vorágine absurda,
de una escalera al abismo.

DE LA RAZÓN POÉTICA

La décima

Una décima pareja
ocho sílabas contiene,
en cada verso que tiene,
si no, queda despareja.
Se automatiza en la oreja,
no es necesario contar.
El que la sabe escuchar,
se da cuenta a la primera,
si es una décima entera
o un intento de rimar.

Vital

La décima de amistad,
¡que tesoro más inmenso!
es nuestro vital ascenso
al rostro de la verdad.
Es la mansa realidad
que sobrevive sonriendo.
Si savia nos va pidiendo
y ya toda la gastamos,
con sangre la alimentamos,
para que siga viviendo.

Variaciones

La poesía es la vida
con sus variados matices,
sean tristes o felices
en diferentes medidas.
Las ilusiones perdidas.
Lo que el corazón ansia.
La risa y la algarabía
y la tierra que sustenta.
El poeta solo intenta
traducir lo que es poesía.

Cantera

Trenza de versos arisca
que se teje con las venas.
La cantera de las penas
vomitando su ventisca.
Del amor la luz, la pizca.
Tu corazón en la cuerda.
No hay vida que no te muerda,
el alma por mal nacida.
La duda tan desmedida,
que hace que todo se pierda.

Límites

Es difícil definir
lo que poesía abarca
o ponerle alguna marca
para poderla seguir.
Apenas deja inferir
que no hay límite ninguno
y nunca es inoportuno,
quien la quiera con constancia,
solo tiene relevancia
como la ve cada uno.

Inspiración

Tan solo el eco de un verso
percibí en la madrugada,
y me encaró desvelada
la nostalgia con su anverso.
La di vuelta y al reverso
estaba en blanco su lienzo.
El día se puso tenso
con sus perfiles alados,
porque hoy están divorciados
lo que siento y lo que pienso.

Doblar en cualquier esquina
donde esquinas nunca hubo.
La décima que sostuvo
la avalancha de neblina.
El vacío con su espina:
un atentado al amor.
El desteñido color,
de la mañana agotada
y la inspiración quebrada,
por el peso de una flor.

Mas, corazón estrujado,
yo sé que no has de morir,
en tu rebelde sentir
vivirás enamorado,
y si el día se ha enrollado,
como un pergamino viejo,
no apagará tus reflejos,
seguiremos adelante,
tú incansable, yo ignorante,
hacía el tiempo y sus espejos.

Alcance

Cordura y literatura,
son dos palabras que riman
y aventuradas se arriman,
a la conciencia en premura.
Son dos palabras de altura,
que nos llevan a la cima.
Pero la propia autoestima
del léxico palpitante,
me va diciendo al instante,
que es solo cuestión de rima.

Rimas

Arte que en tus condiciones
te mantienes impasible;
para algunos, imposible,
tocar tus tres corazones.
Arrebatas ilusiones.
Nos elevas a las cimas.
Haces trizas autoestimas
en tus espejos trizados.
Y nos llevas desvelados
tras una huella de rimas.

Evolución

Como cuando cambia el viento
el cantor ha de cambiar.
Más nunca habrá de olvidar
a su criollo sentimiento.
Y si esgrime con talento
su copla simple y sentida,
de su guitarra querida,
los cordajes cristalinos,
serán como seis caminos,
por donde marche su vida.

Malabares

Décimas improvisadas
que salen de la memoria.
Que estampan su trayectoria
sobre barajas marcadas.
Inconscientes, torturadas.
Asesinas de ilusiones.
Ariscas combinaciones
que sangran como una herida.
Para improvisar la vida
no me faltan condiciones.

Poetisa

A veces creo sentirte,
en una brisa que danza,
y el léxico no me alcanza,
cuando quiero definirte.
Otras veces por no herirte,
cauteloso me levanto.
Me deslumbra con su canto,
tu corazón de paloma
y vuelco todo el idioma,
al servicio de tu encanto.

Cuando a pensar me sentencio,
en mis azares furtivos,
hay tres puntos suspensivos
que siguen a tu silencio.
Tan radiante te presencio,
en tu femenina acción,
que abro una interrogación,
por esos tus versos sabios
y me salta de los labios,
un signo de admiración.

Se queda la luna llena
casi como hipnotizada,
cuando te ve concentrada
en tu grandiosa faena,
de hacer brotar la azucena
hasta encima de la roca,
con esa tu magia loca
de una amorosa ambrosía,
que habla por tu poesía,
pero que calla en tu boca.

Y esculpes en las estrellas
tus rosarios de palabras,
que solo porque las labras,
hasta parecen más bellas.
Regálale alguna de ellas
a mi desnuda pasión.
Tenme algo de compasión,
poetisa, por favor.
Me enamoré del amor,
leyendo tu corazón.

DEL SER COTIDIANO

Sociedad

Entre mentiras piadosas
y mentiras de frentón,
el mundo, es un pelotón
de bosta con otras cosas.
Políticas mentirosas.
El ladrón con el coimero.
Le mienten al pobre obrero.
Todo es tan falso y esquivo,
que no se bien si estoy vivo,
o soy un muerto embustero.

Maternidad

¡Cuánto se puede escribir
sobre la mujer florida!
La que es dueña de la vida
en su pródigo existir.
¡Cuánto se puede decir
con versos y con cariños!
Que un poema le haga guiños
y recuerde a viva voz:
Madre es el nombre de Dios
en las bocas de los niños.

Decirle a todas, buen día,
con un brindis y un abrazo.
Quedar mudo junto al vaso,
en una mesa sombría.
Recordando así a la mía,
que ya no ha de regresar.
Y sanamente envidiar,
al que la tiene a su lado,
dejando un beso guardado,
hasta poderlo entregar.

Mortalidad

¿Quién podría asegurar
lo que puede ser la muerte?
Si es la oscuridad inerte
que nunca puede acabar.
O a lo mejor es un mar
sin límites positivos.
O un dormir consecutivo
en el que quietos y yertos,
siempre hemos estado muertos
y soñamos estar vivos.

Egoísmo

No es tan grave el egoísta
de las cosas materiales.
El que amontona reales
con un afán arribista.
No llevará su conquista
a la muerte y sus recodos.
Yo pienso de todos modos
que el egoísta mayor,
el que mezquina el amor,
es ese el peor de todos.

Juan

Juan no tiene una esperanza,
Juan no tiene una ilusión,
Juan no tiene una razón,
Juan ya no tiene confianza,
Juan ya perdió la templanza,
Juan ya no quiere rezar.
Los que juegan a mandar,
hacen tan mala jugada,
que Juan ya no tiene nada,
ni ganas de protestar.

Elegido

Se quema con los destellos
de su propia desventura.
Aminoran su figura
los brutales atropellos.
Cría sus perros plebeyos
el destino irreverente.
Se hace plausible, tangente,
la carga que no se ama,
y en angustiosa proclama,
se derrite ante la gente.

Andador

Camina con el misterio.
Es el invencible bloque.
Inmune a cualquier estoque,
como el peligro más serio.
Con sus razones de imperio,
nunca podría fallar.
Nunca podría inventar
el miedo para creer.
Si es tan grande su poder
que hasta domestica el mar.

Nadie me enseñó la ciencia

Ser padre es ciencia muy dura
o un inabarcable arte.
Mil veces he de fallarte.
Tal vez sientas mi amargura.
Te abrazará mi ternura,
así como mi dolor.
Porque encontrarás mi amor,
hasta en un reto muy fuerte
y mi vida he de ofrecerte,
si precisas su valor.

Crecerás bajo mi alero
y tal vez me admirarás,
por sabio y por eficaz,
pero al brillar el lucero,
descubrirás altanero
que soy un hombre normal.
Recordaré que fui igual
cuando reproches mi actuar
y eso me va a confirmar
que no lo hice tan mal.

Nadie me enseñó la ciencia.
De a poco lo entenderás.
Y tal vez perdonarás
esa falta de experiencia.
Y aunque el tiempo sin paciencia
un día te alejará,
mi amor por ti vivirá,
será mi dicha más pura,
la hermosa y gran aventura
de haber sido tu papá.

Urbanidad

La ciudad se despereza,
ausente y cuadriculada
y su fauna esclavizada
no mueve su sutileza.
La ciudad y la pobreza
tienen un pacto secreto.
No está de moda el respeto.
La prisa los deteriora.
Miles de sueños por hora
se estrellan contra el concreto.

DE ABSTRACCIONES Y VUELOS

Décima elemento

Se compone de colores,
Metales, cielos, aromas.
Estructurada en palomas,
urde sus mágicas flores.
Se mezcla con mil vapores.
Se condensa en el dolor.
Se sublima en el valor.
Disgrega su simple trama.
Y a veces sola se inflama,
con la llama del amor.

Décima sol

Hacia la altura ha volado
con su destello rojizo.
Pero Dios nunca lo quiso:
el lugar está ocupado.
Confundida se ha quedado,
girando en su contramarcha.
Herida solo se marcha.
Se derrumba sin un grito.
Y se apaga despacito,
como un cigarro en la escarcha.

Décima puerta

Entro por ella a unos versos,
como cuchillos que hieren,
y que a veces me sugieren,
que son vanos mis esfuerzos.
Salgo por ella a los tersos
perfiles de días pasados,
que se hallan arrodillados
ante el altar de la muerte.
Llueven, si la cierro fuerte,
octosílabos quebrados.

Décima fuego

Hipnotizado en su llama,
la miro con estupor.
Me lame con su calor,
descifrando esta proclama.
En su hoguera que me llama,
arde un verso que se mueve.
Rima y cenizas remueve
y encandilado en su estrella,
me derrito frente a ella,
igual que un copo de nieve.

Décima agua

Lagos hace que la pienso.
Rocíos le caen encima.
Lluvias que mojan su rima.
Es un océano inmenso.
En ríos bravos condenso
cascadas de tiempo viejo.
Por su estructura de espejo
se deshace una gotera.
Y en su manantial de espera
nace a veces mi reflejo.

Décima circular

Ante un poético prisma
se hace círculo doliente,
al igual que una serpiente
que se devora a si misma.
Cuando en su burdo carisma
el hermetismo la apresa,
se desprende su corteza
y en la fatal traslación,
domina su corazón,
el ciclo de la tristeza.

Gotas

Gotas que caen profusas
sobre cristales helados.
Diamantes desparramados
vaciando luces difusas.
Gotas que en escaramuzas,
se unen, deslizan, accionan,
laten, se biparticionan,
zigzaguean, se atropellan.
Perlas de agua que destellan
y con el viento detonan.

Gotas que en solo un segundo
hacen trizas un verano.
Gotas de un llanto lejano
que aterriza sobre el mundo.
Gotas de un sol vagabundo
que se ocultó avergonzado.
Gotas de un clima abortado
que aplastaron las derrotas.
Gotas que devoran gotas,
con un torvo desenfado.

Gotas que enjambran la tarde,
trayendo la desazón.
Sumergiendo un corazón
que sucumbe sin alarde.
Gotas de fuego en que arde
la esperanza que cayó.
Mar de gotas que no vio
que la vida se fue andando.
Gotas rojas señalando
que la muerte ya llegó.

Filos

Me arrodillé ante la fragua
y sentí todo el calor.
Aquel maternal valor
de la conciencia del agua.
La lava que se desagua
en el fundido metal.
El revenido ancestral
hizo crujir mi figura,
y disgregó mi estructura,
a su contacto total.

El acero me bajaba
por la sangre, por las venas.
Sentí las pausas serenas,
del metal que palpitaba.
Comprendía y viboreaba.
Reptaba para encontrarse.
Me amaba para quedarse,
y en su temple tormentoso,
fui un cuchillo silencioso,
que descendía a mirarse.

Me perdí cortando vidas
en tiempos de negación.
Mi turbia navegación
por las ciénagas perdidas,
me hizo plaga conocida,
rumor vibrante y fatal.
Mi destino de puñal
escrito por las deidades,
me sumergió en soledades,
de cenizas y de sal.

La miseria que sembraba
el viento la repartía.
Y sentía que seguía
conmigo lo que mataba.
A mi sino se sumaba
el brillo de otra falacia,
que arreciaba mi desgracia,
en su tóxica manera,
ensuciando mi bandera,
casi por antonomasia.

Tanto buscar en la luna
los destellos desgastados.
Tanto quemar los pecados
en la ramera fortuna.
Tanto hacer gala de alguna
sanguinaria melodía.
Mi filo claudicaría
y vería con horror,
que destruido el amor,
en el óxido moría.

Yo que sentí ser cuchillo
dentro de mi misma mano.
Yo que logré ser hermano
de aquel metálico brillo.
Yo que sembré el amarillo
tono de un dolor callado.
Yo que reí ensangrentado
ante la inculta tristeza.
Hoy derrumbo la cabeza
sobre mi puño cerrado.

Décima regresiva

Diez décimas escribí,
nueve gauchos las leían,
ocho sílabas tenían,
siete noches no dormí,
seis estrellas percibí,
cinco con rayos inversos,
cuatro criollos universos,
tres razones me brindaron,
dos espejos destellaron,
uno reflejó mis versos.

DEL CRIOLLISMO, EL HOMBRE Y EL PAISAJE
Presentación 1

Soy un simple pensador
con atisbos de poeta.
Nombrar al gaucho es la meta
de mi sueño creador.
Medio bohemio y cantor,
trasnocha mi inspiración.
Arreo insomne canción
por los criollos universos,
que si se duermen los versos,
se duerme la tradición.

Presentación 2

Soy un simple decimista
que soñó ser payador,
y que admira el buen valor,
del que puede ser artista.
En un verso repentista
va mi palabra jugada.
La vida anda desbocada
pero en mí perdura igual,
la herencia fundamental
del gran Mulato Taguada.

Adiós

Te amo le dijo al partir
el cuatrero provinciano,
con una flor en la mano
y aquel profundo sentir.
Más la partida al huir
en un bajo lo topó.
Sin piedad le disparó.
Cayó junto con su baya,
aferrando la medalla,
que su amor le regaló.

Sendas

Un rancho para vivir
con un alero de estrellas,
es el que tiene en las huellas,
el arriero en su sentir.
Eso solía decir
mi padre que fue campero
y con sus piños de arriero,
en su largo cabalgar,
supo como transformar
La Patagonia en potrero.

Razones

Y se para frente a mi,
invocando los honores.
Me viene a sacar favores
que yo ya le agradecí.
Me comenta que yo herí
de la amistad esa savia.
Hasta me juzga y me agravia
privado de la razón.
Y en su brusca condición,
habla de traición y rabia.

Quiere sacar el estoque,
por defender a su hijo
y yo lo entiendo de fijo,
aunque al filo me provoque.
Pero antes de que me toque,
deje explicar lo pasado.
No sé si le habrán contado
lo que ocurrió en realidad.
Porque el chisme y la verdad,
no hacen collera, "cuñado".

De malas juntas andaba
su retoño aquel domingo.
En el boliche del gringo
a todos los provocaba.
Bocón, se descontrolaba
entre risotada y trago.
Debe aceptar que es un vago,
que no se parece a usted.
Y esa noche con tal sed
a la muerte le hizo halago.

Yo vi a dos gauchos que entraron,
uno de ellos era Obando;
que es como yunque de blando,
si es que el poncho le pisaron.
A su hijo lo aconsejaron
mal los amigos y el trago
y al hombre le hizo un amago,
desatando el contrapunto.
No quise verlo difunto
y me metí en el estrago.

Por cruzarme por delante
su hijo más se enfureció.
El esquiltuna sacó,
diciendo: "espero que aguante"
Le esquivé trastabillante
su filosa arremetida.
Y buscando una salida
de aquel peligroso caso,
lo desmayé de un planazo,
para salvarle la vida.

Así que llegue hasta donde
crea que debe llegar.
Yo no tengo más que hablar
de lo que aquí corresponde.
Si su corazón responde
será abogado y testigo.
Nunca seré su enemigo
su hijo lo sabe de cierto,
porque hoy estaría muerto,
si usted no fuera mi amigo…

Labriego

Nació labriego y anduvo
adelantándose al sol.
Y el rojizo caracol
de la tarde lo sostuvo.
En la fe que lo mantuvo
fue pobre y trabajador.
De niño buscó un color
que no encontró en esa fe.
Y su infancia se le fue
entre semilla y sudor.

Hizo hectáreas sin horarios
y surcos abrió por mil.
Y el tiempo poco sutil
derrumbó sus calendarios.
Los coronó de sudarios.
Encorvó su pobre estampa.
Y una lluvia que no escampa,
lo halló una tarde tendido,
como escuchando el latido,
del corazón de la pampa.

Paisaje

Aquel paisaje querido,
me llama a veces en sueño
y me visto de sureño,
para volver a mi nido.
Veo el cielo colorido.
Las olas del coironal.
Acompaño al animal
que anda buscando la vida,
en la llanura extendida
y en la esencia vegetal.

Voy recogiendo tesoros
para mirarlos después,
en el paso de la res,
en las bandadas de loros.
Escaramuzas de toros
se funden en mi demora.
La pampa es conocedora
de su historia y de su bruma
y en los ojos de algún puma,
está naciendo la aurora.

Un caballo que patea
la panza de lo imposible,
porque en rebenque invisible
el viento lo jinetea.
Un arroyo que serpea,
tira trozos de diamantes,
cuando por unos instantes,
el sol furtivo lo alcanza
y hay un guanaco que avanza,
sobre las lomas brillantes.

El humo de un campamento
cual primitiva señal,
me lleva al mudo rural
del arriero sentimiento.
Paisanos de gesto lento
sentados en la montura.
Uno de ruda figura,
pero amable y compañero,
me mira, toca el sombrero
y cambia la cebadura.

El adiós de un bandolero

Pongo en tus ojos mis ojos
llenos de una pena mansa,
que hiere como la lanza
verde, de verdes abrojos.
En los últimos rastrojos
la dicha se va perdiendo.
Estoy frente a ti muriendo,
con el alma deshojada
y hoy te quedas desolada,
por lo que te estoy diciendo.

Me viste llegar un día
huraño como un bagual.
Desconfianza de animal
que endulzó tu melodía.
Se esfumó mi rebeldía
de cerro y revolución.
Me embriagué con tu canción
y sin precisar rebenque,
me dejé atar al palenque
de tu hermoso corazón.

En tu rancho hallé la luz
para mi oscuro camino.
En tu beso peregrino
alivio para mi cruz.
Fuimos dos en el trasluz
de un cariño desbordado.
Y hoy quiero desconsolado,
frente al feroz contratiempo,
cortar el puente del tiempo
para quedarme a tu lado.

Pero la hora ha sonado
de encontrar la realidad.
De mascar fatalidad
porque la vida ha ladrado.
El óxido de un candado
ha cedido rechinando.
Y hoy vuelve remolineando
ese tropel postergado,
con sombras de mi pasado,
que ahora me están buscando.

Sabes que bebí la vida
lo mismo que un trago fuerte
y sin temor a la muerte
jugándome en la partida.
Dejé una estela sufrida
y el dolor no comprendí.
Esas deudas que adquirí,
viven, y en este renombre,
balas que llevan mi nombre
y filos claman por mi.

Con creces ya estoy pagando
frente a tus ojos amados,
que hoy se encuentran inundados,
por esto que está pasando.
Quizá mañana rodando
los halle alguna jornada,
junto a la luna callada
y al susurrarme tu nombre,
unas lágrimas de hombre
me nublaran la mirada.

Y alguna noche sin luna
dormido sobre mi apero,
soñaré que algún sendero
me guía a tu dulce cuna.
Y si el miedo se me aúna
con su tétrica escultura,
cuando falte tu ternura,
soñando en mi desvarío,
abrazaré un rifle frío,
en lugar de tu cintura.

Pero no puedo elegir
el calor de nuestra historia,
porque esa cruda memoria,
me ha condenado a sufrir.
No quiero que llegue a herir
tu nido el destino atroz,
o que mis culpas en pos
pongan violencia en tu huella.
Quiero que viva tu estrella;
por eso te digo adiós.

Juan de los trece oficios

Como buen gaucho sureño
de domador me probé
y a jinetear empecé
con coraje y con empeño.
De arriero como en un sueño
crucé la pampa mil veces.
Puse la marca a las reses
capé y descolé corderos,
cuando estuve de puestero
en la estancia Los Cipreses.

Unos años de ovejero
cumpliendo bien mi labor,
y también de alambrador
para cerrar un potrero.
Un par de años de cuatrero
pero por necesidad,
me curtieron de verdad
y para pasar mis males,
fui cazador de baguales,
en la pampa inmensidad.

Fui leonero tres años
cerca de Cerro Castillo
y me probé en el cuchillo
por no soportar regaños.
Perdido en pagos extraños
me hice viajero de paso.
Bueno en el naipe y el lazo,
pero por criollo altanero,
si alguien me llamó tumbero
lo di vuelta de un planazo.

Cansado de cabalgar
me volví pa' mi querencia.
Mi natalina conciencia,
no me quiso abandonar.
Aquí me puse a esquilar
y ahora soy talabartero.
Payador y guitarrero
que cuenta su propia historia,
pa' que viva en la memoria,
con este canto campero.

Los dos

Hay un árbol en la pampa
solitario y retorcido
y a su lado, ya vencido,
un carro de gris estampa.
En esa dupla se acampa
el tiempo que ya está lejos.
Cuenta el sol en sus reflejos
la historia que presentí:
que se afirman entre si,
como si fueran dos viejos.

El árbol tiene una herida
de sedentario linaje.
Mirando el mismo paisaje
se pasó toda la vida.
Pero el carro le convida
huellas de cielo profundo,
y en sentimiento fecundo
se aprieta contra sus sedas,
mientras le ofrece sus ruedas,
para que conozca el mundo.

Fe

Confieso que soy creyente
aunque no crea en el cura,
si no en la santa figura
del dios rural de mi gente.
El de Ciriaco el valiente
que a Murieta ha de guiarme
y a Falcato presentarme
al tintinear de un arroyo.
Creo en ese Dios criollo
que de frente ha de matarme.

Solo me inclino ante él
y él es mi gaucho aparcero.
Nunca he sido su cordero
sino su amigo más fiel.
Cuando el camino es más cruel
más cercano es su galope,
pa' que su poncho me arrope
de la lluvia desbocada.
Con él no le temo a nada
aunque el infierno me tope.

Y aunque a veces discutimos
comprendo de corazón,
que debe tener razón
por eso juntos seguimos.
Amaneceres que abrimos
en mi sureño destino.
Dándome paciencia y tino,
lo que más amo bendiga,
hasta que un día me diga:
este es el fin del camino…

Paisano

Con la cara en la distancia
un campesino callado,
parece estar dibujado
sobre el campo y su fragancia.
En su incesante constancia,
buscó futuros mejores
y si mueve sus colores,
la tarde sobre la brisa,
siente que vuela sin prisa,
sobre una alfombra de flores.

La barda de la arboleda
que atraviesa el horizonte,
le trae un aire de monte
que en su caricia lo enreda.
Gira del tiempo la rueda
que lo traslada a la infancia.
Y en la efímera fragancia
que le galopa en las venas,
siente que todas sus penas
se pierden en la distancia.

Lleva rota la camisa
más tiene el alma de pie,
pues sabe que Dios lo ve
cuando cosecha en la brisa.
Bajo el sol, casi sin prisa,
arrastra su sombra mansa.
Con su carro de labranza,
abre en el día una brecha.
Si no es buena la cosecha,
lo llenará de esperanza.

Y vuela en su pensamiento,
mientras asume callado,
que es hermano del arado
y también del sufrimiento.
Frente al destino está atento
de tanto ponerle empeño.
Arde a veces como un leño,
aguardando que algún día,
la lluvia de una alegría,
venga a regarle algún sueño.

El cardo

La libertad está dentro
del hombre y también del cardo,
que duerme y se pone pardo
si viaja el frío a su encuentro.
El vértice de su centro,
señala un camino alterno.
Un tiempo que no es eterno,
le borda alguna quimera,
pues florece en primavera,
pero más sueña en invierno.

Él vive la realidad
sintiendo las mariposas,
y a veces sueña con rosas
su espinosa dualidad.
Pero en su hostil humildad
tal vez nos va aleccionando,
y a lo mejor aleteando,
las mariposas bagualas,
son solo versos con alas
que el cardo eleva soñando.

No peca de traidor,
pues exhibe sus puñales
para no causarle males,
a algún alado cantor.
Es un noble soñador
que se rebela a su suerte.
Por sus flores se hace fuerte,
y es tan grande su nobleza,
que por amar la belleza
se acoraza ante la muerte.

Décimas a don Luis

Partió sin decir adiós
tal vez por no molestar,
Mayorga lo fue a encontrar
a la tranquera de Dios,
de Aureliano fue la voz,
que lo convidó a pasar,
Zúñiga empezó a cebar
un mate de bienvenida,
y una sonrisa florida
don Luis dejó retozar.

Desde ese día está ausente,
de los campos de Mulato.
Don Luis Sánchez hizo un trato
con el padre omnipotente.
Y se fue tranquilamente
en invisible corcel,
al gran Paraíso aquel,
de pampa, sol y baqueanos,
donde otros gauchos hermanos
llegaron antes que él.

Y como buen campesino,
acostumbrado al trabajo,
de madrugada a destajo,
cabalgará algún camino.
Arreando en su eterno sino
blanca tropa que relincha.
O si la noche se hincha
y florece su tapiz,
seguro andará Don Luís
con un lucero a la cincha.

Viento

La llanura austral se tensa
ante su golpe total;
es el viento primordial
que en su presencia destrenza,
la armonía más intensa
y las crudas tempestades.
Cruza las inmensidades
enfurecido o amable,
y es un viajero incansable,
que sabe de soledades.

Es un caballo invisible
que nunca se amansará,
y siempre galopará
sobre el tiempo impredecible.
Será misión imposible
echarle el lazo algún día.
Enfrenar su gallardía
o someterlo al rebenque,
porque no existe un palenque,
que aguante su rebeldía.

Y si quiebra alguna flor
otras miles sembrará,
y al hombre acompañará
en su rural esplendor.
Del sur apadrinador
su identidad testimonia.
La llanura patrimonia
su presencia ¡quien diría!
Sin viento no existiría
la palabra "Patagonia".

Ventana

Allá en la infancia querida
en un rancho natalino,
soñaba con un camino
que me llevara a la vida,
y en mi esperanza encendida,
universos dibujaba,
viendo un paisaje que amaba
y el reflejo de un mañana,
por una vieja ventana,
que con el viento sonaba.

La ventana que les cuento
que daba al mundo y al cielo,
me lleva a veces en vuelo,
a la niñez con el viento,
y me aferra en un intento,
a ese hogar y su humildad,
pues su destello en verdad,
es mi tesoro al final,
ya que ningún ventanal,
guarda tanta claridad.

ALGUNAS DÉCIMAS DE 7 SÍLABAS

Ponzoña

Como una negra rosa
la noche ya florece
y la brisa se mece
como una mariposa.
No está la tormentosa
amenaza del viento,
y en un dulce tormento
de sueño y letanía,
la mejor poesía
se muere en el intento.

Yo mismo soy candado
a mi propia expresión.
Soy fatal condición
que me deja enredado.
Yo mismo soy el dado
con que pierdo la apuesta.
Soy el canto que cuesta.
Soy sol que no ha nacido.
Soy el único herido
de esta guerra funesta.

Pero todo es mentira,
la pena y la alegría
Solo aquella porfía
sobrevive en su lira.
El que rencor respira
se pierde sin timón.
No encontrará perdón
quien me quiera tocar:
¿Quién podrá envenenar
Al fatal escorpión?

Huraño

Es cierto, no es mentira,
a veces soy un muro.
A veces en lo oscuro
mi conciencia delira.
A veces me suspira
de cerca un sinsabor.
A veces el color
gris cubre mis espacios.
Y brotan mis reacios
ascendientes señor.

Soy difícil de andar.
Cortésmente respondo.
Más puede que en el fondo,
me halle en otro lugar.
Nunca suelo sellar,
la amistad fácilmente,
la cultivo paciente
templada en los honores,
y así en sus esplendores,
perdure eternamente.

Lumbres

Mientras viva la risa
de una persona amable,
continuará indomable
en el alma esa brisa,
que nos lleva sin prisa
por este mundo loco,
que hace de un equivoco,
un lapsus infantil,
roza a la muerte vil,
y la posterga un poco.

Entre tanta basura,
que atrinchera al Don Nadie,
impidiendo que irradie,
la luna su dulzura;
tanto cerdo de altura
que chorrea diamantes;
tantos brutos andantes
que tramitan la vida;
me consuelo en la brida,
de unos ojos radiantes.

Por eso voy amigo
de la amistad decente.
Creo en la buena gente
y soy claro testigo.
Abro un simple postigo
a mi rural escena.
Y si mañana suena
la hora del partir,
tal vez podré decir:
"vivir valió la pena…"